RECIT VERITABLE

DE LA VENVE
D'VNE
CANNE SAVVAGE

DEPVIS LONG-TEMPS EN LA
VILLE DE MONTFORT,
Comté de la Prouince de Bretagne :
Et particulierement ce qui s'est
passé és dernieres années
sur ce sujet.

Par vn Chanoine Regulier de l'Abbaye de S.
Iacques prés Montfort estant sur les lieux.

A RENNES,
Chez MICHEL HELLOT Imprimeur
& Libraire, ruë S. Germain. 1652.

MONSEIGNEUR,

M'estant tombé entre les mains ce petit cahier qui fait recit d'vne des raretez anciennes qui ce void sous l'estenduë de Vos Terres, &

de Voſtre Domination: I'ay
pris la hardieſſe d'en rendre le
public participãt, & le preſen-
ter à Voſtre Grandeur, qui a
veu & touché au doigt vne
partie des veritez qui y ſont
fidellement rapportées   C'eſt
pourquoy j'ay creu qu'elle ag-
greroit la liberté que prent.

MONSEIGNEVR,

Voſtre tres-humble &
tres obeïſſant ſeruiteur
MICHEL HELLOT.

AV LECTEVR.

ON cher Lecteur, puis
que c'est le propre d'vn
homme sage de ne point
croire de leger; je ne m'estö-
neray point si d'abort le
tiltre de ce cahier semble choquer vostre
esprit, neantmoins on n'a pas dessein de
vous faire icy passer le faux pour le veritable, ny pour miracle des choses qu'on
pouroit estimer simplement naturelles,
mais tenez pour certain que ce Recit
contient vn sujet digne d'estonnement &
des effets que des personnes sages admi-
rent, aduoüant ingenuement n'en con-
noistre les causes.

C'est vne chose peu considerable deuant
les yeux de Dieu qu'vn petit animal tel
que peut estre vne chetifue Canne sauuage, neantmoins vous verrez icy qu'elle

A ij

tient ſa partie pour rendre hommage à ſa Grandeur. La Cigalle de Sainct François eſtoit encore moins priſable & pourtant ſes fredons charmoient le cœur d'vn Seraphim, & ſon obeiſſance reſpe-Ctoit celuylà que Dieu meſme honoroit. La monture de Balaam, ridicule en ſon nom & tres groſſiere en ſa nature, n'e-ſtoit qu'vn objeCt de riſée, mais preſtez ie vous prie l'oreille à ſon langage & vous verrez combien ſon Eloquence rend les Prophetes ſages.

N'ayez donc point de crainte ſi au-jourd'huy on vous inuite à donner quelque temps pour voir & contempler le vol, la contenance, & tous les mouuements d'vne Canne ſauuage dont Dieu ſe ſert (ainſi qu'on peut conjeCturer) pour en-ſeigner les meſcroyans à frequenter nos Temples, honorer les Autels, & ren-dre hommage à ſa Grandeur.

RECIT VERITABLE DE LA
venue d'vne Canne sauuage depuis long-temps en la Ville de Montfort Côté de la Prouince de Bretagne.

CE que l'antiquité à toufiours obserué pour rendre memorable à la posterité les éuenements des choses remarquables dans les siecles passez, n'a pas esté obmis fur le fujet dont nous parlons icy : Car les Annalles de Bretagne, anciens vitrages des Eglises, procez verbaux & autres marques authentiques (qui se voyent en la Ville de Montfort) donnent des preuues fuffifantes côme de long-temps se voit annüellement vne Canne fauuage qui vient accompagnée d'vn nombre de petits Cannetons voler aux enuirons de l'Eglise de S. Nicolas située dans vn des faux-bourgs de ladite Ville, & mesme souuent entre en ladite Eglise vers la Feste de la Translatiõ dudit Sainct, qui est au mois de may. Anciennement elle y venoit & entroit plus frequemment à la veuë de tout le peuple, le iour de la susdite feste suiuant la Procession ; mais depuis quelque temps cela n'a pas esté si ordinaire. Neantmoins ez dernieres années elle a esté veuë en ladite Eglise, & considerée de tres grand nombre de personnes, auec des circonstances qu'on a diligemment obseruées & qui sont plus particulieres qu'aucunes qu'on aye remarquées il y a plus de 40. ans; Ce qui m'a obligé de vous dresser ce petit cahier, dans lequel vous verrez premierement ; Le fondement de la venuë de cét animal selon l'ancienne & commune tradition du pays. Secondement, ce qui s'est

autrefois passé de remarquable quãd
élle a paru, & particulierement ez
années dernieres. Troisiesme mét,
diuerses circonstances & éuenemés
sur ce sujet. En quatriesme lieu, les
authoritez principales de ceux qui
en ont parlé & rendu quelque tesmoignage.

FONDEMENT DE LA VENVE
de la Canne, selon l'ancienne tradition
& plus commune croyance du pays.

§. PREMIER.

C'EST auec raison (mon cher
Lecteur) que plusieurs personnes de merite n'ont pas tenu
grand conte des raports qui ont au-
tresfois esté faits touchãt la Canne
de Montfort & particulierement
sur le sujet de sa venuë; le simple
peuple (quelque fois superstitieux
& trop facile à croire) y meslãgeant

quantité de difcours qui n'ont feruy
que d'ombrages pour obfcurcir &
efteindre les belles veritez qui s'y
rencontrent. C'eft du raport fidel
des hommes fages & de prudence
qu'il les faut receuoir, iceux ne les
ayans puifées que de l'ancienne tradition & de la croyance plus raifon-
fonnable des habitans des lieux.

Pour donc vous en communiquer
quelque cognoiffance, ie vous diray
qu'il y a plus de trois cens ans qu'vn
certain Seigneur du pays, ayant eu
vn iour à la rencôtre vne jeune fille
de grande beauté, natifue d'vn vil-
lage prochain, la fit prendre & r'enfermer dâs le Chafteau de Montfort
à deffein de luy rauir l'honneur,
Cefte pauure fille fe voyant ainfi
r'enfermée & dans vn peril éminêt
de la perte de fa pudicité, cômença
(les yeux beignez de l'armes) à
jetter la veuë au Ciel pour moyen-
ner fa deliurance ; & confiderât que
Sainct

S. Nicolas, qui eſt vn des Patrons
de la Ville de Montfort, auoit autrefois fait paroiſtre ſa miſericorde
enuers trois jeunes filles Damoiſel-
les que le propre pere vouloit pro-
ſtituër à cauſe de ſa pauureté ; elle
eut recours à ce grand defenſeur de
l'integrité virginalle ; luy faiſant
vœu & promeſſe que ſi par *ſon* moyen
elle pouuoit éuader ce peril, elle
viendroit annuellement à ſa Feſte
luy en rendre ſes recognoiſſances.
Ceſte priere faite en toute humilité
à la veuë de l'Egliſe dudit S Nicolas
qui auoiſine le Chaſteau, fut non
ſeulement affectiue mais auſſi effe-
ctiue, car à l'inſtant elle fut exaucée
& non pas changée en canne (cõme ont voulu croire quelques vns)
mais miraculeuſement tranſportée
hors du chaſteau, (faueur que nous
liſons en la vie dudit S. auoir autres-
fois eſté faite à vn jeune homme tõ-
bé entre les mains des Barbares, &

transporté miraculeusement de ce
lieu en celuy de sa naissance par le
mesme Sainct.)

La jeune fille estant ainsi sortie
creut n'auoir eu de grace qu'à demi,
ou plustost auoir esté exposée à vne
occasion plus perilleuse, d'autant
qu'elle tomba entre les mains des
seruiteurs dudit Seigneur, (ce qui
arriua pourtant par vne permission
toute particuliere de la Diuine Pro-
uidence comme vous allez voir.)
Ces libertins pensant que leur maistre en auoit fait son plaisir voulu-
rent aussi vser de la mesme temeri-
té; mais la jeune fille voyant qu'on
luy faisoit violence, sans auoir personne qui la pût assister ny deffédre,
redoubla sa confiance en Dieu & en
son premier liberateur; de sorte
que regardant de costé & d'autre
pour chercher quelque secours, &
n'aperceuãt que des cannes sauuages qui estoient sur l'estang du Cha-

steau dudit Montfort ; alors elle re-
nouuela sa priere & suplia tres-in-
stamment Nostre Seigneur par les
merites du grand S. Nicolas, qu'il
plust à sa bonté permettre que ses
animaux, quoy que sans raison,
fussent neantmoins tesmoings de
son innocence qu'on luy vouloit rauir, & que si la violence qu'on luy
faisoit alloit jusques là que de luy
oster la vie, & qu'en consequence
elle ne pust annuellement rendre
ses vœux & ses promesses à son fidel
protecteur, ces animaux le vinssent
faire eux mesmes à leur façon en son
nom & pour sa personne.

La fille par la permission diuine
s'echapa de leurs mains & fut mise
en liberté ; mais estant preuenuë
de mort la mesme année & ne pouuant rendre ses vœux audit Sainct:
Depuis ce temps on voit annuëlle-
ment vne Canne sauuage accompagnée de petits cannetons venir en

l'Eglise de S. Nicolas (située en vn
des faux-bourgs de la Ville de
môtfort,) c'est à sçauoir a la feste de
sa Translation le 9. de may, ou bien
mesme vn peu deuant, ou vn peu
apres ladite Feste. Et cette canne
estant entrée dans l'Eglise, va or-
dinairement voltiger à l'Image dudit Sainct & comme luy applaudir
par le battement de ses aisles, ses
petits la suiuants le mieux qu'ils
peuuent sans l'abbandonner, apres
quoy elle s'en retourne, ayāt laissé
dans l'Eglise vn de ses petits comme par maniere d'offrande, lequel
pourtant quelque temps apres s'en
retourne sans qu'on s'en apperçoi-
ue ; & depuis ce temps la canne &
ses petits ne paroissent plus le reste
de l'année.

Voila le fondement de la venuë
de la Canne en la Ville de Montfort
en Bretagne, sur lequel chacun rai-
sonnera comme il luy plaira ; mais

apres tous les sentimens de nostre
sagesse humaine , il faut confesser
que Dieu se sert de toutes ses creatures pour en tirer de la gloire côme
il veut & quand il veut, voire mesme
pour donner de l'instruction aux hô-
mes & les obliger à rendre à sa bôté
leur deuoir.   Que peut'on penser
quand les histoires sainctes nous re-
presentent vn Asne en la vie de S.
Anthoine de Pade flechissant le ge-
noüil deuant l'Hostie sacrée, à la cô-
fusion de tous les heretiques? Que
peut'on dire de l'Aigneau de Sainct
François, qui auoit assez de lumiere
& de cognoissance pour rendre de
semblables respecs à N. Seigneur.

La main de Dieu n'est pas abregée
pour ne pouuoir permettre à vn che
tif animal, tel qu'est vne Canne sauuage, d'en faire de mesme & enseigner les creatures raisonnables à
estre recognoissä & honorer les Ss.

Vous allez voir dans la suite de ce

discours la confirmation de ces veritez, par le raport fidel qui vous sera
fait des choses qui sont ariuées (depuis la deliuráce de cette jeune fille
jusques à present) en l'Eglise Parochiale de S. Nicolas de Montfort.

CE QVI C'EST AVTREFOIS
passé de remarquable touchant la
Canne, & particulierement és
années dernieres.

§. SECOND.

APRES la mort de la jeune fille
qui auoit si sensiblemét esprou
ué l'assistáce du Ciel par les merites
du grand S. Nicolas. La Ville de
Montfort a veu & voit encor des
choses estonnantes, car l'espace de
prés de deux cens ans la Canne (qui
peut-estre est la méme qu'elle auoit
conjuré de rédre tesmoignage de só
innocence,) n'a point manqué de

venir annuëllemēt en l'Eglise du S.
ſçauoir, le iour que l'on conſacre à
ſa Tranſlatió & auquel chacun abor
de en ladite ville pour venerer ce S.
Prelat, de ſorte qu'il ſemble que ce
iour aye eſté particuliereꝣmēt choiſi
de Dieu pour auoir plus grand nombre de teſmoins de ſes merueilles;
je dis de ſes merueilles; car (ie vous
prie mon cher lecteur,) n'y a-il pas
icy lieu d'admirer, de voir deuāt ſes
yeux vn animal ſauuage, craintif de
ſa nature, ſans entendemēt, ſe có-
porter à la maniere d'vne perſonne
raiſonnable, depoſer toute crainte
pour marcher aů milieu d'vne po-
pulaſſe accompagnée de ſes petits,
& à la veuë de tant de móde voltiger
autour d'vn Crucifix, monter ſur les
Autels & applaudir par le battemēt
de ſes aiſles à vne image certaine &
déterminée pluſtoſt qu'à vne autre.

Tous les habitans du lieu eſtoiēt
ſi certains de ſa venuë, qu'autrefois

le iour ordinaire d'icelle, soit par
simplicité, soit par curiosité, soit
mesme si vous voulez par quelque
sorte de pieté, on s'assébloit pour se
trãsporter au lieu d'où elle partoit,
& là aprés auoir quelque temps at-
tendu, comme l'heure du Seruice
de l'Eglise approchoit, on la voioit
venir auec ses petits & de ce pas sui-
ure le peuple droit à l'Eglise; ce qui
estoit si commun que ceux du pays
ce sont lassez d'en reïterer les procez verbaux, dont les premiers &
plus anciens ayant esté egarez, dis-
sipez & transportez pédant es trou-
bles des guerres auparauant que la
Prouince de Bretagne fust vnie à la
Couronne de France, nous en som-
mes frustrés à nostre grand regret:
Cepédant l'antiquité des vitres des
Eglises, les penitures & les figures
parlent. Celuy là seroit ignorant
de cette histoire & justement repris
qui voudroit, dans Montfort, nous
crayonner

crayonner l'Image du grand Sainct
Nicolas, sans depeindre à ses pieds
la canne & ses petits. Dans l'Eglise
de ce Sainct se voient deux vitres
peintes, l'vne qui represente le mesme Sainct en cette sorte, & qui est
vn ouurage de prés de deux cēs ans;
L'autre est au derriere du maistre
Autel artistement élabouree il y a
plus de cent ans, en laquelle se voit
au prés de l'Image du mesme Sainct
depeint en la maniere que dessus,
vn Seigneur de Montfort represēté
auec Madame sa femme & leurs en-
fans, la Couronne en teste, reuestus
de pourpre doublée d'Ermines, qui
sont les Armes de Bretagne.
   Ces vitres, & ces peintures anciē-
nes nous sont demeurées pour dō-
ner à entendre que ce n'est pas nou-
ueauté ce que nous écriuōs icy. I'ay
cherché & feilleté dans les archiues
des lieux tout ce qui pouroit vous
donner cognoissance de ce qui c'est

passé sur ce sujet és plus anciēs tēps
& premieres années. Voicy ce que
i'en ay pû trouuer de plus remarquable & qui fût soigneusemēt examiné
il y a plus de 30. ans par Monsieur
Doremet. personnage tres capable
& Grand Vicaire de Monseigneur
l'Euesque de S. malo duquel Diocese
depend la Ville de Montfort, & ce
pendant le cours de la visite Episco-
pale. Ce sont des procez verbaux
fort succincts & qui ne seruent que
cóme de memoire artificielle pour
ceux du pays qui sçauoiēt desia assez
ce qui se passoit lors de la venuë de
la Canne.

Le 24. Auril 1543. la Canne vint
en l'Eglise de S. Nicolas à la maniere accoustumée auec 13 petits cannetons, puis s'en retourna.

Le 17. may 1547. au Dimanche de
la Trinité, la Canne est venuë en
l'Eglise accópagnée de dix cánetós.

Le 17. may 1548. la Canne auec 2.

de ses cannetons vint enuiron trois
heures aprés midy au téps de Vespres , les autres petits cannetons
estans hors l'Eglise qui attendoient
leur mere , laquelle son voyage fait
les fut retrouuer.

Le 25 may 1550. la Canne vint auec
11. cannetós & sortit de l'Eglise de S.
Nicolas par vne ouuerture qui estoit
dans la vitre faisant en volát vn cer-
cle autour de l'Eglise puis disparut.

Le 18. may 1560. la Canne vint en
l'Eglise auec 5. petits cannetós enuiron midy à l'issuë du Seruice.

Le 17. may 1562. iour de la Pentecoste enuiron les 9. heures du soir,
la Canne vint en l'Eglise auec ses
cannetons & y coucha pendant la
nuict iusques enuiron les cinq heures du matin.

Le 29 Auril 1564 la Canne fist son
voyage à S. Nicolas accópagnée de
sept petits cannetons, & tournoya
l'Image dudit S. Nicolas.

L'an 1574. elle fiſt encore de meſme ainſi qu'il eſt rapporté cy-deſſus.

Le mardy 14. Iuin 1584. la Cãne auec vnze cannetons entra dãs l'Egliſe de S. Nicolas, alla à l'Autel, monta à l'Image dudit Sainct, fiſt la proceſſion autour des Fonts Baptiſmaux à la veuë de tout le peuple, puis ſortant de l'Egliſe s'enuola en l'air, mais ſes petits cannetons ſe retirerent tout doucement par la petite porte de l'Egliſe tandis qu'on chantoit le Seruice.

Le 9 may l'an 1600. iour & Feſte de S. Nicolas, la Canne vint auec ſes cannetons.

Le Samedy 7. may 1605. enuiron midy, la Canne auec cinq cannetós entra dans l'egliſe & y fut juſques à 4. heures & demye, fiſt la Proceſſion autour des Fons, puis volla ſur le Days du Crucifix juſques à trois fois, alla au maiſtre Autel où eſt l'Image dudit S. Nicolas, volla ſur le

Tabernacle du tres S. Sacrement,
& enfin se retira par la petite porte
de l'eglise.

Depuis ce téps elle est encore venuë à plusieurs & diuerses fois, ainsi
que les procez verbaux sôt foy, lesquels i'ay obmis tât pour éuiter pro-
lixité, que pource qu'ils se raportêt
à ce que dessus ; la plus part d'iceux
ayans pour tesmoings des persónes
de grande puissance & merite, cóme Monseigneur le Duc de la Trimoüille Comte dudit Montfort, lequel s'estant vn iour trouué sur les
lieux, à touché & manié entre ses
mains les petits cannetons. Sem-
blablement messire Iean Tanoüarn,
apresent Abbé de l'Abbaye de S.
Iacques prés môtfort qui en a fait de
mesme, & auec eux plusieurs autres
persónes de consideratió ; mais cóme és dernieres années il s'est passé
quelque chose de plus particulier, en
voicy le narré dans vn article àpart.

CE QVI C'EST PASSE' DE
plus notable és dernieres années sur le mesme sujet.

§. TROIS.

LE Ieudy de la semaine de la Pentecoste 27. may en l'année 1649 sur les sept heures du soir la canne vint en cette sorte. Quelques petis cannetons sauuages & qui n'auoiét que le poil folet, ayant (par cas fortuit) paru dans la grāde ruë du faux-bourg de S. Nicolas de *Montfort*, comme on eut obserué ces petits animaux venir, incontinent aprés on en vit trois autres dans vne petite ruë du mesme faux-bourg, joignāte l'eglise dudit S. Nicolas, qui de leur mouuement entrerent dans ladite eglise & furent encore suiuis par trois autres petits; ce quidonna sujet aux habitās du lieu de croire que la canne qui auoit coustume de se

faire voir ordinairemēt en cette sai-
son, ou dans l'eglise dudit S. Nicolas ou aux enuirons, pouroit bien
aussi venir & accompagner ces petits animaux. Deffaict, en mesme
temps que ces cannetons furent en-
trez en l'eglise la canne parut dās la
mesme ruë joignante à l'eglise ac-
cōpagnée d'vn autre petit cāneton
de mesme grandeur & façon que les
autres, qui peut-estre (ainsi qu'on
peut cōjecturer estoit celuy qu'elle
deuoit selon sa coustume laisser par
maniere d'offrāde,) cét animal vint
si dextrement qu'on ne peut sçauoir
ny d'où, ny comme elle estoit venuë. Elle entra aussi en ladite eglise
de son mouuemēt, & à mesme tēps
quelques personnes, qui l'obser-
uoient, la suiuirent & par le son des
cloches de ladite eglise aduertirent
les habitās, comme de quelque chose extraordinaire qui se fust passé.

A ce signe grand concours de peu-

ple s'affembla, & pendant ce temps
la canne prit fon vol dans le lambris
de l'Eglife paffant & repaffant deuãt
le Crucifix qui eft à l'Étrée du cœur,
puis deffendãt jufques en terre com
mença à marcher de pied depuis la
Chapelle du Rofaire, qui eft à l'entrée dudit cœur jufques au grãd Autel ; mais la grãde affluence du peuple furuenãt, la canne prit derechef
fon vol jufques au haut du cœur fe
faifant ainfi voir à tout le peuple,
puis deffendant fur cette multitude
plufieurs la toucherent en paffant,
& eftant retirée de leurs mains elle
fut mife par quelque perfonne Ec-
clefiaftique fur le grand Autel comme vne oblation apartenãte àDieu.
Pendãt cette ceremonie innocéte,
le grand bruit de l'affiftance, qu'on
ne pouuoit appaifer, fut caufe que
pour faire faire filence & porter ref-
pect au lieu fainct, on fut obligé de
châter quelque Hymne, au chant de
laqulle

laquelle le tumulte cessa, & comme on commençoit le dernier verset, la Canne qui pendãt ce temps auoit demeuré sur le maistre autel (cõme vne victime innocente) sauta d'vn petit vol au pied de l'Image de S. Nicolas prés la grãde vitre, qui est derriere le susdit autel, où elle demeura quelque tẽps, rendant à cette Image par le mouuement du corps & battemẽt de ses aisles quelque sorte de respect, d'où elle sortit par apres & vint par vn autre petit vol se ranger au bas du cœur, où les petits cannetons (qui pendant le grand bruit du peuple ne pouuant voller, s'estoiẽt écartez d'vn costé & d'autre) s'assẽblerẽt auprés de leur mere, sãs auoir aucunement esté endommagez ny blessez par la presse, & ainsi passerent la nuict en ce lieu.

Le peuple s'estant peu à peu retiré, on ferma les portes de l'Eglise sur les dix heures du soir, & le landemain

D

dés les trois heures du matin estant
ouuertes & la câne trouuée au mesme lieu où on l'auoit laissée le iour
precedât auec ses petits ; vn Prestre
dist la Saincte Messe sur les quatre
heures, à laquelle assista grâde quantité de personnes qui estoiét venuës
de la Ville de Rennes distante de
Montfort de quatre lieuës, comme
aussi quantité d'autres habitans des
lieux voisins qui estoient sembla-
blement venus en ladite Ville pour
estre à vn marché qui s'y tient tous
les Vendredys de l'année & est fort
frequenté. La Messe estant finie, la
Canne qui auoit tousiours demeuré
au bas du cœur depuis le soir prece-
dant, prist le vol & fut suiuie de ses
petits, qui tous auec elle se rangerêt
au coing du maistre Autel au costé
de l'Euangile sous le Sacraire qui est
vn petit lieu vousté où repose le S.
Sacrement, & là demeura paisible
jusques à vnze heures du matin pê-

dant la celebratiõ de douze Messes,
estant veuë & cõsiderée tout a loisir
d'vne grãde multitude de personnes
qui accouroient de tous costez pour
ce sujet, & il semble que c'estoit par
vne inspiration & mouuement tout
extraordinaire, d'autãt qu'il y auoit
fort long-temps qu'on n'auoit veu
dans Montfort vne si grãde affluãce
de peuple; plusieurs mesme toucherent & manierent les petits cannetons, qui entouroient leur mere &
faisoient de temps en tẽps vn petit
chant à la maniere des dindons, &
quoy qu'on leur eust jetré quelque
aliment jamais pourtant depuis sept
heures du soir jusques à vnze heures
du matin qu'ils demeurerent en l'E-
glise, on ne les vit manger nonplus
que la mere.

Sur les huict heures du matin le
Reuerend Pere Vincent Barleuf
Prieur de l'Abbaye de S. Iacques
prés Montfort assez cogneu dans le

páys, lequel auoit touſiours reuo-
qué en doute & meſme combatu la
verité de cette hiſtoire, eſtant en
ville entra en l'Egliſe de S. Nicolas
où eſtoit la Cãne, lequel apres auoir
ſalüé le S. Sacrement, s'aprocha du
coing du maiſtre Autel, où ayant
obſerué cét animal auec ſes petits
il en prit vn entre ſes mains & en
ſuite la Canne ſans qu'elle fiſt aucu-
ne reſiſtance; ce qui donna ſujet au
peuple de s'eſtonner voyant qu'vn
animal qui eſt ſi ſauuage cõme cette ſorte de Canne, & qui ne ſouffre
pas ordinairemẽt l'abort de qui que
ce ſoit, ſe rendoit ſi familiere ; ce
qui fit encore approcher le peuple
& ſe preſſer pour voir cette nou-
ueauté, car ledit Reuerend Pere la
tenoit ſur la main à la maniere d'vn
oyſeau familier, de ſorte que chacũ
la voyoit & conſideroit auec plus de
facilité, non pourtant ſans ſujet de
quelque ſorte de reflection, d'autãt

qu'il est dificile (côme l'experiëce fait cognoiftre) de pouuoir ainfi tenir non feulement vne Canne fauuage, mais mefme vne poule familiere & domeftique, fes petits eftãs par terre proches & prefens fãs faire effort & refiftance pour s'echaper.

Ledit R. Pere l'ayant remife à fa place au milieu de fes petits, fut obligé de celebrer la faincte Meffe au grand Autel, les autres n'eftans pas libres pour cét effet à caufe du grand peuple; comme il efleuoit la faincte Hoftie, quantité des affiftãs & entre autres perfonnes de confideration qui eftoient plus proches de l'Autel virent la Canne qui auoit pendant la Meffe la queuë tournée vers ledit Autel, fe leuer & retourner la tefte vers le mefme Autel pour rendre (ainfi qu'on peut conjecturer) quelque forte de reuerëce à noftre Seigneur , & le Calice remis fur le Corporal, fe remettre en ſa premiere poſture, ce que firent en meſme temps les petits canne-tons auec leur mere.

La Meſſe eſtant paracheuée Mr. le Recteur de l'Egliſe de S. Nicolas celebra, & comme il proferoit ces paroles *Domine non ſum dignus*, la Canne auec ſes petits ſortāt du lieu où elle eſtoit, paſſant proche l'Au-tel & le ſuſdit Sr. Recteur ſe rāgea de l'autre coſté du meſme Autel, à ſçauoir celuy de l'Epiſtre & là de-meura quelque temps. La Meſſe dudit Sr Recteur finie arriua vne perſonne de conſideration qui pria le ſuſdit R. P. Prieur (encore là pre-ſent) de luy faire voir de prés cette Canne, de quoy ledit R. Pere s'eſtāt excuſé & teſmoigné qu'elle pou-uoit aſſez elle meſme l'aborder & la toucher, elle ſe mit en deuoir de ce faire mais la Canne ne le voulut ſouffrir, de ſorte que ledit R. Pere pour la contenter prit de rechef la

canne & la mit ſur ſa main auec autant & plus de facilité que la premiere fois, & ainſi quantité de perſonnes qui eſtoient preſentes la virent & toucherẽt ſans qu'el'e s'en-
uolaſt de deſſus la main de celuy qui
la tenoit, le pouuant faire aiſement.
En meſme temps quelques perſonnes de conſideration là preſentes
obligerent ledit R. Pere de tirer des
plumes des aiſles à cét animal, ce
qu'il fit pour les contenter, ſans au-
cune reſiſtãce de la part de la canne
& ces plumes ont eſté & ſont encore curieuſement gardées pour
memoire de cét accident (c'eſt ce
qu'on n'auoit encore jamais pû ny
oſé faire.)

La Canne ayant eſté remiſe à ſa
place par ledit R. Pere, & voyant
qu'il eſtoit tard, d'autant que l'heure de midy approchoit, on crût qu'il
eſtoit a propos de faire faire voye
au grãd peuple qui eſtoit en l'Egliſe

afin que ſes animaux euſſent plus
de liberté de ſortir. Ayant donc
fait faire à la preſſe vn petit chemin
enuiron d'vn pied & demy de large
les petits cānetons commancerētà
ſortir deux à deux du coing de l'autel, lequels la Canne ſuiuoit à petit
pas, la teſte leuée regardant le peuple en haye deça & delà ſans faire
pareſtre aucun ſentimēt de crainte
ny d'aprehentió quoy qu'entourée
de tant de perſonnes ; & comme
les petits furent arriuez à vne porte
qui eſt au bas du cœur pour ſortir
hors l'Egliſe, la Canne s'approcha
& par le mouuement de ſon bec &
de ſon corps (cóme ſi elle euſt voulu leur donner à cognoiſtre qu'il ne
failloit point ſortir par là) ayant ordinairemēt couſtume de ſortir par
où elle entre, elle les fit reuenir en
l'Egliſe, & marchant la premiere
d'vn meſme pas & contenance que
cy-deuant, les mena à la grande
porte

porte d'icelle Eglise, auprés de laquelle
elle s'arresta quelque temps pendant
que Mr. le Doyen de S. Iean de Montfort paracheuoit la Messe en la nef de
l'Eglise à l'autel du Rosaire, apres quoy
elle trauersa ladite Eglise & fit vn cer-
cle autour des Fonts baptismaux, d'où
elle reuint à la grande porte sortant
tout doucemét & à loisir auec ses petis
pour s'en retourner par la mesme ruë
par où elle estoit venuë, ayant encore
fait vn tour ou deux sur le perron de la
porte ; & comme elle auoit laissé vn
de ces petits cannetons dans vn coing
de l'Eglise proche lesdits Fonts, (ce
quelle a tousiours coustume de faire
quand elle y entre, comme si c'estoit
quelque offrãde qu'elle y laissast,) ledit R. P. Prieur le reprit & luy reporta,
mais le cannetó au lieu de se joindre à
sa mere & aux autres petits voulut par
force retourner en l'Eglise, & voyant
que l'entrée estoit empeschée par le
grãd peuple s'alà jetter dãs yne brousse

d'épines qui estoit proche d'vn jardin
voisin de l'Eglise, & depuis ne parut
plus quoy que deslors on lût cherché
auec grand soing.

Cependant la Canne accompagnée
des autres petits s'en alloit tout doucemét suinie de nombre de personnes
qui desiroiét sçauoir ce qu'elle deuien-
droit, & estant arriuée à l'entrée de la
grand' ruë du faux-bourg de S. Nicolas
apres auoir ramassé ses petits autour de
soy & demeuré quelque temps sans ce
mouuoir, tout d'vn coup elle prit son
vol & s'esleua en l'air droit comme vne
fleche à la maniere du vol de l'alouëtte
se perdāt ainsi à la veuë des spectateurs
sans qu'on pût sçauoir ny ou elle allà,
ny ce qu'elle deuint pour le reste de
l'année. En mesme temps les petits
cannetons tous estonnez & émeuz
commencerét à prendre la course, re-
doublans leurs petits cris, & ne pouuant voler se jetterent çà & là parmy
le peuple, sans toutefois s'éloigner l'vn

de l'autre, & fe rangeans par vne porte
cochere à trauers la ruë, dans vne cour
voifine, & de la cour dās vn jardin auec
tant de promptitude qu'on ne pouuoit
les fuiure ; enfin eftans arriuez à vne
haye qui fepare ce jardin de l'eftang de
la ville de Montfort, ils fe jetterent
dans cette haye qui eftoit affez tranf-
parante & neantmoins ne pûrent plus
eftre veus ny entendus nonobftant la
diligente recherche qui en fut faite.

Toutes ces circonftances arriuées
cette année à la venuë de la Canne,
font fi particulieres que de long temps
on n'a rien remarqué de femblable :
Elles ont pour tefmoings grand nombre de perfonnes dignes de croyance
qui font viuantes, & qui ayant figné au
procez verbal fait fur ce fujet qui fe
conferue foigneufement dans les archiues du pays, pouroient démentir
celuy qui vous en dreffe le narré, s'il y
auoit quelque chofe qui ne fuft côfor-
me à fon original & à la verité. Partāt

si vous pretendez le condemner ce
n'est pas à luy seul, mais à plusieurs
qu'il faut vous attaquer.

L'Année 1651. la Canne est encore
venuë auec ses cannetons, mesme par
plusieurs iours elle s'est fait voir aux
enuirõs de la ville de Montfort & proche de l'Eglise de S. Nicolas, neantmoins on ne l'y a pas veu entrer, ce qui
arriue assez souuent de la sorte, quoy
qu'il soit constant qu'elle ne manque
pas lors qu'elle vient de rẽdre à ce grãd
S. son deuoir ordinaire, soit de nuict
soit de iour en se tenant proche de l'E-
glise ou voltigeant autour d'icelle,
comme plusieurs personnes ont souuent remarqué.

Vne circonstance remarquable est
arriuée cette année vn des iours du
mois de May ; car vn barbet furieux &
accoustumé à tuer & prendre le gibier
en l'eau, ayant esté enuoyé curieuse-
ment par quelques personnes apres la
susdite Canne lors qu'elle estoit en

l'eſtang de Montfort pour éprouuer ce qui en arriueroit : Si toſt qu'il l'ût abordée fut ſaiſi d'vne ſi grande frayeur qu'il fut contraint de s'en reuenir plus próptement qu'il n'eſtoit allé , la câne demeurât immobile ſans s'eſtóner, le chien au contraire eſtant hors de l'eau s'enfuit de telle ſorte qu'il fallut à ſon maiſtre le faire chercher de tous coſtés

La preſente année 1652. la Canne eſt encore venuë par pluſieurs fois & particulierement le 13. 14. & 15. du mois d'Auril ; par ou il apert que depuis enuiron cent ans elle n'a pas toûjours eſté reglée pour faire ſon voyage au iour de la feſte de S. Nicolas, mais bien ſur la fin du mois d'Auril ou au commencement de May ainſi qu'on a pû obſeruer cy-deuât. Elle auoit vnze cannetons qui l'accópagnoient à faire le circuit des murs de la ville & aller de coſté & d'autre proche l'Egliſe de S. Nicolas, paſſant familierement autour des maiſons des habitans & don-

nant liberté à vn chacun de lá confiderer : On ne l'a point veuë entrer cette
année en l'Eglife non plus que la pre-
cedente, mais on a fait reflection fur
vne chofe eftonnante & qui pourtant
eftoit defia arriuée d'autres fois côme
vous verrez cy-apres; Vn des petits
cannetons ayant efté tué par quelque
accident, le nôbre neantmoins d'vnze
qu'elle auoit n'a pas diminué, & celuy
qui auoit efté l'aiffé mort fur la place
peu de têps apres ne fut plus retrouué.

Voila ce que i'ay pû remarquer de
plus confiderable touchant la Canne
de Montfort, tant en ce qui nous a efté
laiffé dans les vieux memoires des années premieres de fa venuë, comme
en ce que i'ay pû moy mefme voir &
confiderer fur les lieux ces dernieres
années. I'adioufteray que cette année côme on eftoit en doute fi la canne qui paroiffoit feroit point la même
qui eftoit venuë auec tât de ceremonie
l'année 1649. le fufdit R. Pere Barleuf

dont a esté parlé cy-dessus encore à
present Prieur de ladite Abbaye de S.
Iacques pres Montfort, fut prié de la
venir voir & en dire son sentiment veu
que par cy-deuant il l'auoit consideree
& maniee si facilemét, & apres l'auoir
soigneusemét obseruee & abordee de
pres dit qu'il le croioit ainsi, & que le
fondement de sa croyance estoit vne
plume moytié blâche & moytié bleüe
qu'elle porte au bout des aisles, son
plumage qui est comme celuy d'vne
perdrix dõt elle n'excede pas de beaucoup ny la pesanteur ny la grosseur,
ayant le bec noir, le col esleué, la teste
petite, & les yeux estincelans, qui sont
les marques ausquelles il s'estoit auparauant arresté pour en retenir l'idee;
ce que cõfirment aussi ceux qui l'ont
semblablemét examinee. Peut-estre
qu'aux annees suiuantes cét animal
nous fournira quelque nouueau sujet
d'entretien pour vous en faire part;
cependãt ie cótinuëray mon discours.

CIRCONSTANCES ET EVENE-
ments remarquables touchant la Canne.

§. QVATRE.

IE ne doute point (mon cher lecteur)
que cét entretien ne donne vn peu
d'occupation à voſtre eſprit, & meſme ne le rende perplex pour ſçauoir
s'il luy donnera quelque croyance.
I'ay eſté de voſtre ſentiment, & quoy
que ie ſois du nombre de ceux qui
ont veu, entendu, & meſme touché
au doit ce qu'il y a de plus veritable
en cette hiſtoire; il me ſemble encor
que ce ſoit vn ſonge, neantmoins ie
n'en puis plus douter, & pour vous
inciter à faire de meſme. Laiſſez là
(ie vous prie) les ſentimens de ceux
qui tranchent de l'eſprit fort & qui
bien ſouuent ſont honteux de ſe ſou-
mettre aux veritez qui leurs creuent
les yeux; donnez en ſuite vn peu de
repos à voſtre eſprit pour reflechir

encore

encore sur ce que ie vais vous dire.

Que cette Canne soit enuoyée par
vn ordre particulier de la Prouidéce
de Dieu (vous le croirez si vous voulez,) mais pourtant il faut aduoüer
qu'il y a quelque chose de bien extraordinaire, soit en ce qui la côcerne,
soit en ce qui regarde ses petits.
Voicy particulierement six ou sept
circonstances qui le font voir.

La premiere, c'est que quoy qu'on
voye cette Canne assez long-temps
soit dans l'Eglise, soit aux enuirons,
jamais pourtant on ne la remarqué
manger, quelque aliment qu'on luy
aye pû jetter ; la preuue s'en tire de
l'experience qu'en ont fait ceux du
pays grand nombre de fois.

La seconde, il arriue souuent que
la Canne se fait paroistre auec ses
petits à la fin du mois d'Auril, & au
commencement du mois de May,
jamais pourtât ils ne paroissent plus
accrûs en vn temps qu'en vn autre.

E

n'ayãt que le poil folet & les plumes demy formées, tout ainſi que des petits cannetons de deux ou trcis iours, & ſi ſe ſont les meſmes qui viennent tous les ans comme il eſt croyable, puis qu'on a des raiſõs aſſès fõdamétales pour dire que c'eſt toûjours la meſme Canne, cette circõſtance eſt encore plus admirable.

La troiſieſme, La Canne eſtant extremémẽt ſubtille & legere pour le vol, neantmoints les petits cannetons, quoy que ſans plume, la ſuiuent ſi dextrement & promptemẽt qu'à meſme tẽps qu'on voit la mere prendre ſon vol, ces petits animaux ſont pluſtoſt rendus au lieu où elle s'arreſte que les meilleurs coureurs ne pouroient faire pour eſprouuer & obſeruer ce qu'elle ſeroit deuenuẽ, & ne peut'on dire encore par ou ils paſſent ny quelle route ils tiennent. Ie les ay veu pluſieurs fois voulant ſuiure la mere, lors qu'elle eſtoit vn

peu éloignée d'eux, s'élancer subti-
lement comme si c'eſtoit vn traict
d'arbaleſtre qui fendiſt l'air.

La quatrieſme. Si vous voulez pré-
dre la Canne ou les petits pour les
garder & enfermer vo' perdez vôtre
téps, en voicy la preuue. Vn jeune
homme natif du faux-bourg de S.
Nicolas, Greffier de l'Abbaye de S.
Iacques prés ledit Montfort, ayant
pris & enfermé depuis peu vn des
petits cannetons dans vn coffre de
ſa maiſon à deſſein de le norrir s'il
pouuoit, vne heure apres allant pour
luy porter à manger, ne trouua plus
rien dans ledit coffre quoy qu'il en
euſt gardé la clef.. La meſme choſe
eſt encore arriuée à pluſieurs perſon-
nés viuantes tant de la ville que des
cantons voiſins.

La cinquieſme. Si les Cannes ſau-
uages pour leſquelles chaſſer on vſe
de tant de circonſpections & ſubti-
litez, ne voulant ſouffrir l'abbord de

perſonne, ſe laiſſent prendre ſur le
poing à la maniere d'vn oiſeau familier & appriuoiſé, les chaſſeurs en
pourôt parler ie n'en ſçay rien; mais
pour la Canne de Montfort qui eſt
veritablement ſauuage, & non ap-
priuoiſée (comme autrefois quelque
railleurs de la religion pretenduë reformée ont voulu dire,) ie maintiés
& affirme conſtamment qu'elle le
fait, ou bien mes yeux & mes ſens
mont deçeu, vous l'auez veu par cy-
deuant. I'aurois trop de perſonnes
à me dementir ſi ie parlois à faux.

La ſixieſme circonſtance eſt d'vne
autre nature que les autres; car ie
puis dire auec aſſurance que le for-
mateur de cét animal eſpouſe les in-
tereſts de ſon ouurage ou bien meſme les ſiens propres, d'autant que
perſóne d'ordinaire ne luy nuit qu'il
ne ſe nuiſe à ſoy meſme, perſonne
ne la frappe qu'il ne ſoit frappé luy
meſme ou qu'il n'eſprouue à tout le

moins quelque sensible chastiment.
Vous verrez icy bas quelque Au-
theur qui l'affirme : Et outre cepen-
~~dant~~ les exemples qui le confirmét.

Le premier c'est passé de puis quelques années & qui pourtant à des
tesmoings viuants qui parlent non
pas par ouy dire, ny comme absens,
mais comme tres presens.

Trois jeunes hommes venans de
la chasse, apres auoir rencontré la
Canne sur l'estang de Montfort, se
resolurent de l'attaquer auec leurs
armes à feu. Le premier tire son
coup estant tout proche de son gibier. Le second en fit de mesme sans
que la Canne fit autre chose sinon
que de s'esleuer vn peu sur l'eau & se
remettre incontinét en mesme place comme pour éluder les coups. Le
troisiéme pésant auoir plus d'adresse
se mit en deuoir de tirer, mais à pei-
ne eut'il lasché le coup qu'il tomba
par terre tout effrayé, apres auoir

esté rudement accolé de son arme.

D'autres ont voulu semblablemēt esprouuer leurs armes sur cét animal qui n'en ont receu que de la confusiõ Ce qui a obligé autrefois ceux qui ont l'administratiõ de la Police de la ville, de faire faire defence à qui que ce soit, de tirer sur l'estang pendant les mois d'Auril & de May, ausquels la canne à coustume de parestre.

Le secõd exemple est tout recent. Ie le sçais de ceux qui l'ont veu, & l'ay ouy de celuy mesme qui en a fourny le sujet. Vn honneste Eclesiastique du pays ayant rencontré la canne accompagnée de ses cannetõs dans les fossez de la ville, ne doutāt point de ce qui c'estoit autrefois passé à l'égard de ceux qui l'auoient attaquée, voulut neantmoins éprouuer ce qu'elle pouroit faire, pour ce sujet luy lascha quelques pierres sãs qu'elle s'emeust, mais ayant pour la troisiéme fois redoublé le coup auec

plus de force ; fut foudain furpris
d'vn flux de fang par le née fi violent
qu'il luy fallut s'en aller prôptement
à la ville & employer tous les artifi-
ces poffibles pour eftancher le fang.
Le nom de celuy auquel cét accidét
eft arriué eft inceré icy-bas parmy
ceux qui ont veu ou figné aux procez verbaux des faits remarquables
de la Canne.

Enfin la feptiéfme & derniere cir-
conftance, trâche en quelque façon
du miracle. Car ie ne fçais fi c'eft
refurrection, ou reproduction, ou
multiplication, ou addition, vous en
iugerez comme bon vous femblera,
mais voicy la pure verité de laquelle
i'ay defia touché quelque chofe cy-
deuât. Il arriue quelquefois & bien
fouuêt que la Canne ayant paru auec
vn certain nombre de cannetons ;
s'il arriue qu'il en foit tué quelqu'vn
ou mefme qu'il foit mort de fa mort
naturelle, le mefme iour qu'on les a

veu morts, on les voit derechef viuants sans que le nombre premier
qui auoit paru diminuë. Cecy a esté
éprouué nombre de fois; & ie con-
fesse que i'aurois honte d'ecrire cecy
si ie n'en auois veu plusieurs tesmoins, & si ie ne cognoissois vne
personne encore viuante qui l'a es-
prouué, car en ayant pris vn certain
nombre pour les norir, & les ayant
le lendemain trouué morts & jettés
dans vne cloaque, comme tels vne
heure apres, luy & d'autres personnes encore viuantes & qui estoient
de l'espreuue, veirent la Canne auec
le nombre de cannetós qu'elle auoit
le iour precedent qu'on luy auoit
pris ses petits comme si rien n'eust
esté.

AVTHORITEZ DE CEVX

qui ont parlé ou traité quelque chose touchant la Canne de Montfort.

§. CINQ.

CE n'est pas chose nouuelle que le sujet qui vous est icy representé touchant la Canne de Montfort : Il y a long-temps que cét animal à obligé plusieurs personnes doctes & capables d'en parler dans leurs escrits les plus serieux. Estimez-vous que nos Historiographes voyãs & feilletãs les cartes geographiques, lorsque dans celle de Bretagne ils ont aperçeu ces termes en gros caracteres, Montfort la Canne, ils n'ont point esté animez à faire la recherche du fondemēt de cét epitete & denomination qui estoit donnée à la Ville de Montfort en Bretagne ? ouy sans doute, & apres s'en estre informez ou mesme veu de leurs yeux les faits de cét animal, que quelqu'vn

G

d'entre eux appelle prodigieux, ils en ont voulu faire part à la posterité. C'eſt pourquoy pour dóner ſatisfactió à voſtre eſprit & vous faire cognoiſtre que ie ne deſire point eſtre la regle de voſtre croyance. Voicy les noms & les authoritez des perſonnes de meri-te qui en ont parlé.

Commençant par ceux du pays, ie vous diray que Monſieur Dargentré, aſſez remarquable en Bretagne pour ſa doctrine & capacité, dans ſes Annalles de Bretagne en parle ainſi.

Ie ne veux paſſer ſous ſilence vne choſe que beaucoup de perſonnes ont difficilement crû, mais tres veritable. Il y a aux faux-bourgs de la Ville de Montfort vne Egliſe Parochiale de S. Nicolas, & tout proche vn eſtang ſitué au deſſous du Chaſteau de cette Seigneurie ; De cét eſtang, depuis plus de deux cés ans, ſort vne Canne ſauuage, laquelle le iour de S. Nicolas 9. May vient en cette Egliſe auec nombre de

cannetós, & parmy le peuple qui s'est
trouué souuent de trois à quatre mille
personnes choisit son chemin, & se
rend en l'Eglise y demeurāt vn espace
de temps, sans s'effaroucher, n'y rien
monstrer de sa condition naturelle :
& y ayant se journé quelque temps re-
tournoit en son estang tout paisible-
ment sans pouuoir estre remarquée
estant dedans.

Ie suis du temps (dit le mesme Au-
theur) d'auoir veu vn Seigneur de ce
pays nommé Dandelot, qui estoit de
la nouuelle Religion, lequel auec mil
tesmoins n'eust pas voulu croire cela,
disant que c'estoit artifice de quelque
Prestre qui auoit dressé ce miracle cóme ils ont accoustumé de dire : Mais
aussi peu deuoit'il croyre la parolle de
l'asne de Balaan, aussi peu que les cor-
beaux apportassent les viures à Elie lás
& ennuyé au desert ; l'Escriture toutefois dit *si tacuerint ʒi lapides loquentur*,
qui seroit encore plus difficile à croire:

Il aduint vn iour qu'il se trouue à dis-
ner en cette Ville de Montfort, la
Canne vint, comme si elle eust voulu
se faire voir à cét homme mal persua-
sible ; on le luy vint dire, & tout sou-
dain accourut de table auec quelques
vns des siens en ladite Eglise : Cette
Canne sans peur estoit sortie de l'estãg
& venuë en toute paix parmy le peuple qui luy fendit la voye se rendant à
l'Eglise, où elle se journa & demeura,
puis quelque temps aprés s'en retourna de mesme qu'elle estoit venuë ; il là
conduisit de la veuë & la suiuit jusques
à l'estang : Depuis ce temps-là autant
de fois qu'on luy en parloit il se taisoit
muet comme la pierre, & n'estãt plus
le fait en doute, il ne s'auança jamais
d'en faire jugement aduoüant que la
Canne estoit veritablement sauuage,
& qu'elle ne pouuoit auoir esté appri-
uoisée par les Prestres comme autres-
fois il auoit dit : aussi eust-il fallu auoir
vescu long-temps pour luy apprendre

cette contenance en l'espace de deux cens ans. Ie sçais qu'ayant depuis ce temps là entretenu ce personnage qui ne doutoit plus du fait, il se rendoit au conseil sans en oser faire jugement ny dire ce qu'il en pensoit, craignant d'vn costé la sensure des siens, & de l'autre estonné par l'euidence de ce Miracle si longuement continué, par plus de deux cens ans.

Frere Iean Rioche Gardien du Conuent des Cordeliers de S. Brieu & originaire du Diocese de S. Malo *lib. 5. compend tempor. & historiar Ecclesiastic. cap 156. 157. & 158.* fait vn recit en Latin conforme à ce que dessus touchant la Canne de Montfort, lequel dit auoir fait son voyage l'année 1574 qu'il escriuoit, & qu'elle venoit plus frequemment en ce temps que les ennemis de l'Eglise s'efforçoient de côbattre le respec & la reuerence duë aux Saincts Images, comme pour leur enseigner leur deuoir.

Non seulement ceux du pays ont
parlé de la Canne, mais encore ceux
qui en font éloignez. Chaffaneus
Confeiller & Prefident au Parlement
de Dijon *12. part. catal. glor. minudi.
Confider. 80.* en a traité, parlant de
l'excellance de certains oifeaux ad-
mirables, &c.

Le Docte Rouillard Aduocat au
Parlement de Paris, en fon Antipa-
tronage efcrit ainfi de cette canne.
Hiftoire du pays de Bretagne autant
veritable que par aduenture eftrange
& difficile à croire.

Aux faux-bourgs de Montfort, Dio-
cefe de S. Malo y a vne Eglife de S.
Nicolas, proche de là & au deffous du
Chafteau vn eftang, en iceluy vne
canne fauuage qui par année, tantoft
tous les ans, tantoft de fix en fix ans
auec fes cannetons vient en ladite
Eglife à la Fefte de fon Patron, fans
s'effaroucher trauerfe la preffe auec fa
fuite, puis ayant fejourné quelque

teps prés l'Autel & voltillé a l'entour,
s'en retourne auec ses cannetons : &
de là n'est plus veuë tout le temps de
l'année jusques au retour de la Feste
susdite, venant seruir au Patron auec
humilité pour en monstrer l'exemple
aux ames raisonnables.

Monsieur Doremet Grand Vicaire
en ce Diocese, duquel la memoire est
encore recente, en a parlé assez exa-
ctement dans son Liure de l'antiquité
de la Ville & cité d'Aleth.

I'adjousteray à l'authorité de ceux du
pays & des voisins, celle des esträgers,
sçachant qu'il en a esté parlé iusques
en Italie. C'est de Baptiste Fulgose
grand personnage qui fut Duc de Gen-
nes & fort curieux en ses recherches
qui en parle ainsi, *collect. dedictis*
factisq; memorabilibus lib. I. *de mirac.*
c. *de arib° animalibusq; alijs admirandis.*
Dans cette Region de France qu'on
appelle Bretagne, proche la Ville de
Rennes, il y a vne petite Ville nom-

mée Montfort, où au mois de May à
la Feste de S. Nicolas se voit vne certaine canne, qui accõpagnée de cannetons sort d'vn estang voisin de la
Ville pendant qu'on celebre la Messe,
ou les Vespres, laquelle apres auoir
fait le circuit de l'Autel s'en retourne
dans le mesme estang, ayant laissé vn
des petits qu'elle auoit amené auec
soy sans que personne puisse sçauoir
ce qu'il est deuenu. Que si quelqu'vn
ose entreprendre de la blesser ou tuër,
il est saisi ou de rage, ou de quelqu'autre maladie dangereuse.

Il y a d'autres Autheurs modernes
qui en ont touché quelque chose,
lesquels j'obmets pour conclure &
vous dire que leur recit est conforme
à ce que l'experience nous en a fait
toucher au doigt ces dernieres années

Conclusion.

PVis qu'il est vray (mon cher Lecteur)
que nous deuons nous éleuer à Dieu de
tout ce qu'il a fait & crée : Le Sage mesme
nous enuoyât à la fourmis pour estre instruis.
l'estime

I'estime que vous ne deuez point auoir hôte
de prendre quelque enseignemēt d'vne canne sauuage, specialement puis qu'on peut
assez conjecturer qne non seulement Dieu
permet sa venuë accompagnée de tant de
ceremonies, mais mesme que sa Prouidéce
à quelque dessein en cela. C'est pourquoy
ce Docte personnage cy-dessus allegué à
fort bien parlé quand il a dit qu'elle in-
struisoit les ames raisonnables. Si vous
voulez sçauoir en quoy ; c'est premierement à honorer les Saincts, ce qu'elle fait
par son vol & battement d'ailes autour de
leurs Images. Secondement, à leur rendre
les vœux promis, ce qu'elle accomplist par
son voyage au nom de cette jeune fille, ainsi
qu'on peut conjecturer. Et en troisiesme
lieu, pource que sa venuë n'est fondée que
sur les graces & faueurs octroyées par S.
Nicolas à celle qui en auoit tant besoing,
& qui eut recours à sa puissance ; Les ames
qui se voyent en peril de la perte de leur
pudicité ont sujeċt de le recognoistre &
implorer son assistance pour esprouuer
ses graces & liberalitez.

H

NOMS DE PLVSIEVRS

personnes de merite & dignes de croyance, lesquelles ont esté tesmoins de plusieurs choses concernantes la Canne, ou ont signez aux procez verbaux qui en ont esté faits, & sont conseruez sur les lieux.

I'Ay creu qu'il estoit à propos pour terminer cét entretien, & luy donner de l'appuy, de vous faire icy vne liste (quoy qu'en abregé) des ptincipalles personnes de merite & de croyance qui ont veu, entendu sur les lieux, ou mesme confirmé de leur seing ce que nous auons cydeuant allegué touchant la Canne, afin que le tesmoignage d'vn seul qn'on n'auroit pas sujet de croire soit confirmé de plusieurs. En voicy les noms, premierement des Ecclesiastiques, & en suitte des personnes seculieres.

Les personnes Ecclesiastiques.

REuerend Pere en Dieu Messire Roland de Neufuille Euesque de Leon en basse Bretagne, & Seigneur du Plessix

Bardoul, &c. perſonnage de grande pieté & ſainctete qui viuoit encore au commencement de noſtre ſiecle; Ce digne Prelat à ſouuent veu & conſideré le Canne, aſſiſté au Diuin Seruice, & meſme celebré la ſaincte Meſſe pendant qu'elle eſtoit à l'Egliſe de S. Nicolas, qu'il viſita ſouuent pendant ſoxante ans qu'il fut Abbé de S. Iecques prés Montfort.

Meſſire Iean de Tanoarn ſon Nepueu, Seignéur dudit Pleſſix, heritier des biens temporels & particulierement du zele & de la pieté de ce digne Prelat, auſſi Abbé ſucceſſeur de la meſme Abbaye depuis plus de quarante ans, lequel ſelon le ſouhait de la Prouince (dont il protecteur) plaiſe à Dieu conſeruer, pour luy continuër ſes ſoings. Son ſeing, & ſon authorité nous ſont recommandables puiſque ſa probité & ſes merites ſont ſi conſiderables ſur les lieux, leſquels il honore ſouuent de ſa preſence, ou pluſieurs fois il a veu & pris entre ſes mains ces petits animaux.

Monſieur Doremet grand Vicaire de Monſeigneur l'Eueſque de S. Malo, dont nous auons parlé cy-deuant.

Frere Vincent Barleuf Prieur des Cha-

noines Reguliers de l'Abbaye dudit Saint
Iacques prés Montfort, dont il est icy fait
assez particuliere mention.

Frere Pierre le Petitgars Prieur Recteur
de Monterfil.

Frere René le Gouz Chanoine Regulier
de la mesme Abbaye.

Missire Pierre Hindré Doyen de Sainct
Iean de Montfort.

Mre. Thomas Eutasse Recteur de Saint
Nicolas de Montfort.

Mre. Tricot Prestre.

Mre. I. Corbes Recteur de Poligny.

Mre. Pierre Aulnette Prestre habitué
dudit S. Nicolas.

Mre. Guillard Curé de Talentsac.

Mre. Nepueu Prestre habitué audit
Talentsac.

Mre. Odye Prestre d'Essindic.

Les personnes seculieres.

HAut & Puissant Seigneur Messire
Henry de la Trimoüille Duc &
Pair de France, Comte de Montfort, &c. qui a veu & manié sur les lieux
ses petits cannetons à sa discretion.

Messire I. Thomas Cheualier Seigneur

de la Connelaye Vaulnoiſe, aagé de plus
80. ans, encore viuant, qui l'a veuë il y a
plus de ſoixante & douze ans en l'Egliſe
dudit S. Nicolas, où eſtoit pour lors vn
grand Seigneur de la Religion pretenduë
reformée, qui s'en eſtoit moqué, lequel
pourtant fut conuaincu par cet animal,
car d'autant plus qu'il s'efforçoit de le
chaſſer auec vne baguette qu'il tenoit en
main, d'autant plus s'approchoit'il du
grand Autel à la confuſion dudit Seigneur,
qui voyant cecy fut contraint d'eſtre de
meſme ſentiment que les autres.

Meſſire I. de Maſuël Cheualier Seigneur
de la Bouteillerie, Bintin, &c.

Mr. le Vayer Eſcuyer Sr. de la Heriſſaye.

Mr. le Moine Sr. de Grandelieu, autrefois Seneſchal de Montfort.

Mr. de Gaſtinel Eſcuyer Sr. du Bois,
à preſent Seneſchal dudit Montfort.

Mr. de Talentſac Sr. Deſtouches, Seneſchal de l'Abbaye de S. Iacques prés Montfort.

Mr. le Moine Sr. des Grippeaux &
Officier de Monſeigneur le Duc de la
Trimoüille.

Mr. le Moine Aduocat en la Cour de

Parlement de Rennes.

Mr. le Petit Gars Sr. de la Chauuiniere.

Mr. Gauuain Sr. de Launay Querou.

Mr. Hubert Sr. de la Prinze.

Mr. le Taixcier Sr. de la Fossiere.

Mr. le Porche Marchand à S. Malo de l'Isle.

Maistres Pierre Iamet, & Iulien Gilles.

Madame Françoise de Brissac, Dame de la Bouteillerie, de Bintin, &c.

Madame de la Motte, Dame de la Noë Raminé.

Damoiselle Renée Cartin, Dame de la Padoyere.

Damoiselle Oliue du Plessix sa fille.
Damoiselle Françoise Martin, Dame du Grandelieu.

Il y a plusieurs autres personnes de merite & dignes de foy, dont les noms ont esté icy obmis pour abreger & terminer ce petit Recit à la consolation de ceux du pays qui mont obligé à le dresser, & pour le diuertissement curieux de ceux qui font éloignez, lesquels l'auront aggreable s'il leur plaist.

F I N.